Impressum
Verlag: BABADADA GmbH, Nedderfeld 112 , 22529 Hamburg
Geschäftsführer / Verlagsleitung: Harald Hof
Druck: Books on Demand GmbH, In de Tarpen 42, 22848 Norderstedt

Imprint
Publisher: BABADADA GmbH, Nedderfeld 112 , 22529 Hamburg, Germany
Managing Director / Publishing direction: Harald Hof
Print: Books on Demand GmbH, In de Tarpen 42, 22848 Norderstedt

l'école
die Schule

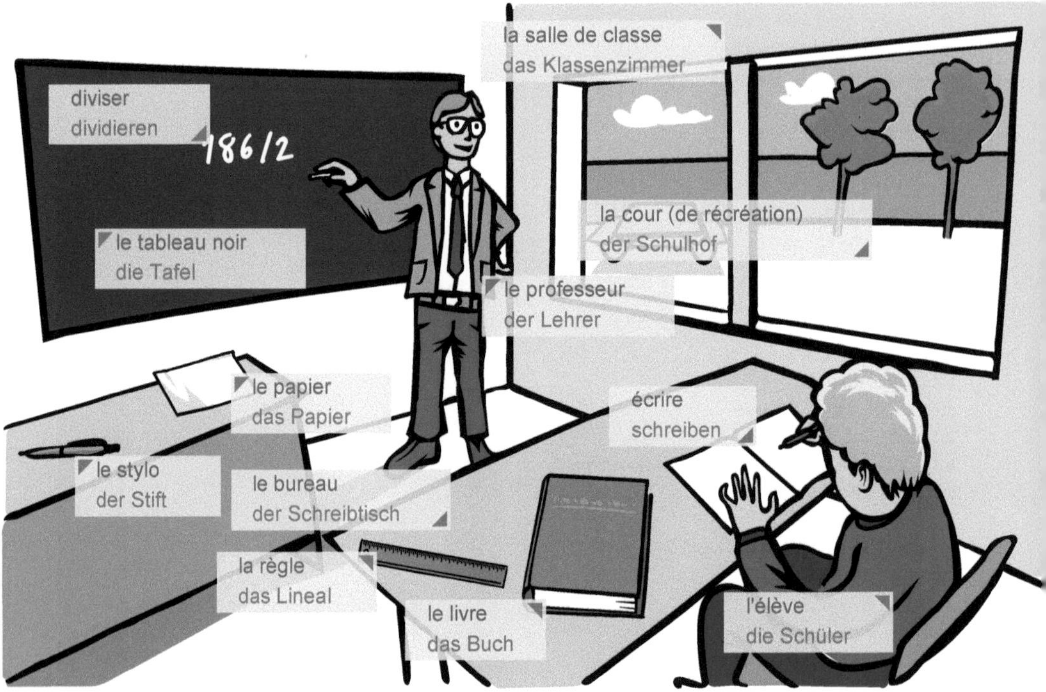
la salle de classe
das Klassenzimmer
diviser
dividieren
186/2
la cour (de récréation)
der Schulhof
le tableau noir
die Tafel
le professeur
der Lehrer
le papier
das Papier
écrire
schreiben
le stylo
der Stift
le bureau
der Schreibtisch
la règle
das Lineal
le livre
das Buch
l'élève
die Schüler

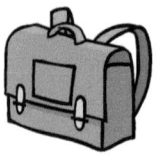

le cartable

der Ranzen

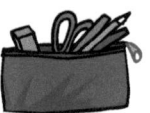

la trousse

die Federmappe

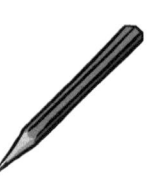

le crayon

der Bleistift

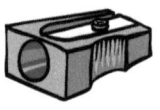

le taille-crayon

der Bleistiftanspitzer

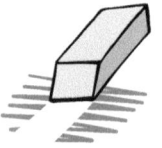

la gomme

das Radiergummi

le carnet à dessin

der Zeichenblock

le dessin
die Zeichnung

le pinceau
der Pinsel

la boîte de peinture
der Malkasten

les ciseaux
die Schere

la colle
der Klebstoff

le cahier d'exercices
das Übungsheft

les devoirs
die Hausaufgabe

le chiffre
die Zahl

additionner
addieren

soustraire
subtrahieren

multiplier
multiplizieren

calculer
rechnen

la lettre
der Buchstabe

l'alphabet
das Alphabet

le mot
das Wort

le texte

der Text

lire

lesen

la craie

die Kreide

la leçon

die Stunde

le livre de classe

das Klassenbuch

l'examen

die Prüfung

le certificat

das Zeugnis

l'uniforme scolaire

die Schuluniform

la formation

die Ausbildung

le lexique

das Lexikon

l'université

die Universität

le microscope

das Mikroskop

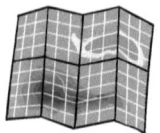

la carte

die Karte

la corbeille à papier

der Papierkorb

le voyage
die Reise

l'hôtel
das Hotel
Grand
l'auberge
die Herberge
ROOMS
le bureau de change
die Wechselstube
la valise
der Koffer
la voiture
das Auto

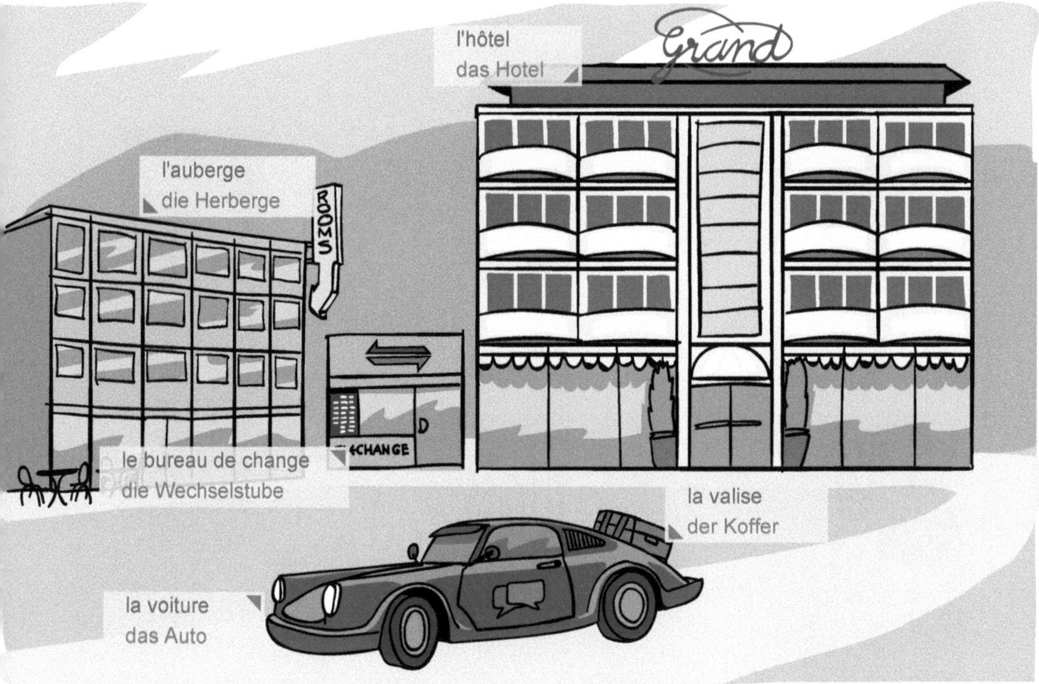

la langue

die Sprache

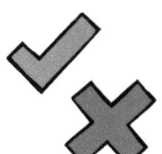

oui / non

ja / nein

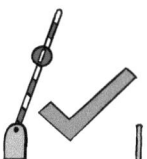

d'accord

Okay

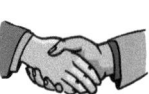

Salut

Hallo

l'interprète

der Übersetzer

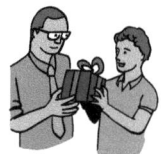

merci

Danke

Combien coûte...?

Was kostet...?

Je ne comprends pas

Ich verstehe nicht

le problème

das Problem

Bonsoir !

Guten Abend!

Bonjour !

Guten Morgen!

Bonne nuit !

Gute Nacht!

Au revoir

Auf Wiedersehen

la direction

die Richtung

les bagages

das Gepäck

le sac

die Tasche

le sac-à-dos

der Rucksack

l'hôte

der Gast

la pièce

das Zimmer

le sac de couchage

der Schlafsack

la tente

das Zelt

le voyage - die Reise

l'office de tourisme

die Touristeninformation

la plage

der Strand

la carte de crédit

die Kreditkarte

le petit-déjeuner

das Frühstück

le déjeuner

das Mittagessen

le dîner

das Abendessen

le billet

die Fahrkarte

l'ascenseur

der Fahrstuhl

le timbre

die Briefmarke

la frontière

die Grenze

la douane

der Zoll

l'ambassade

die Botschaft

le visa

das Visum

le passeport

der Pass

le transport
der Transport

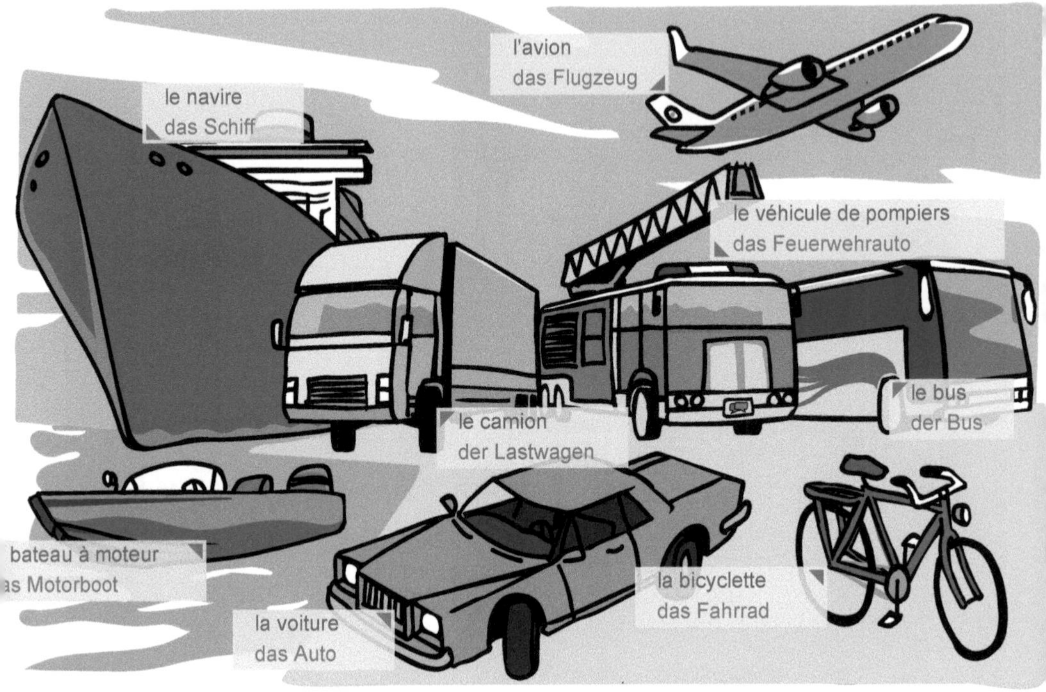
l'avion
das Flugzeug
le navire
das Schiff
le véhicule de pompiers
das Feuerwehrauto
le bus
der Bus
le camion
der Lastwagen
bateau à moteur
as Motorboot
la bicyclette
das Fahrrad
la voiture
das Auto

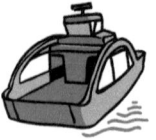

le ferry
die Fähre

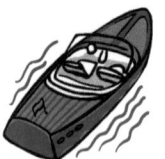

la barque
das Boot

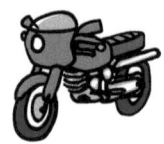

la moto
das Motorrad

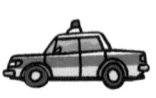

la voiture de police
das Polizeiauto

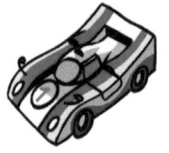

la voiture de course
das Rennauto

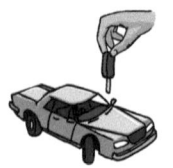

la voiture de location
der Mietwagen

l'auto-partage

das Carsharing

la voiture de remorquage

der Abschleppwagen

la benne à ordures

das Müllauto

le moteur

der Motor

l'essence

der Kraftstoff

la station d'essence

die Tankstelle

le panneau indicateur

das Verkehrsschild

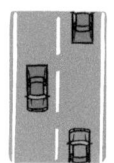

le trafic

der Verkehr

l'embouteillage

der Stau

le parking

der Parkplatz

la gare

der Bahnhof

les rails

die Schienen

le train

der Zug

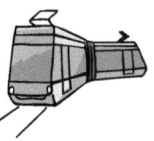

le tramway

die Straßenbahn

le wagon

der Wagon

l'hélicoptère

der Helikopter

l'aéroport

der Flughafen

la tour

der Tower

le passager

der Passagier

le conteneur

der Container

le carton

der Karton

le chariot

der Karren

la corbeille

der Korb

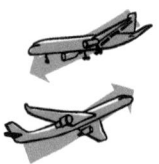

décoller / atterrir

starten / landen

la ville

die Stadt

le village

das Dorf

le centre-ville

das Stadtzentrum

la maison

das Haus

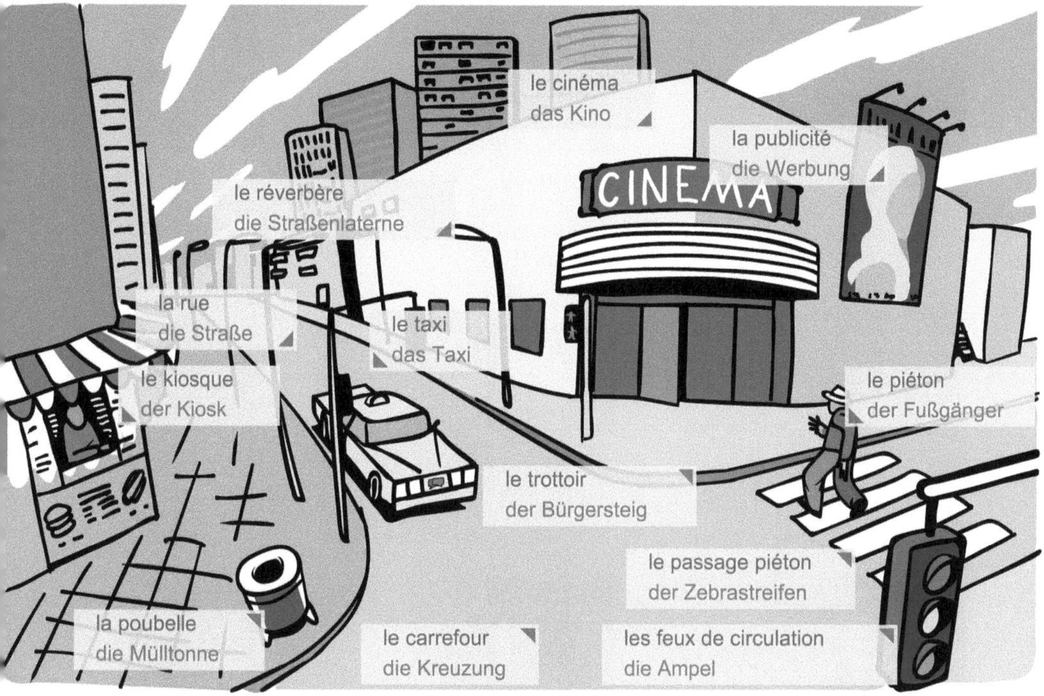
le cinéma
das Kino
la publicité
die Werbung
CINEMA
le réverbère
die Straßenlaterne
la rue
die Straße
le taxi
das Taxi
le kiosque
der Kiosk
le piéton
der Fußgänger
le trottoir
der Bürgersteig
le passage piéton
der Zebrastreifen
la poubelle
die Mülltonne
le carrefour
die Kreuzung
les feux de circulation
die Ampel

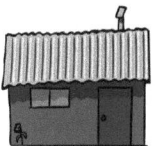

la cabane

die Hütte

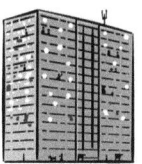

l'appartement

die Wohnung

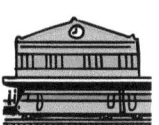

la gare

der Bahnhof

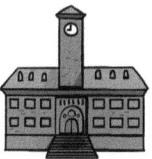

la mairie

das Rathaus

MUSEUM

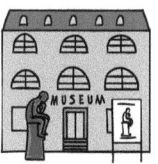

le musée

das Museum

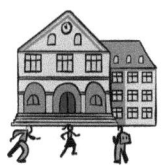

l'école

die Schule

l'université

die Universität

la banque

die Bank

l'hôpital

das Krankenhaus

l'hôtel

das Hotel

la pharmacie

die Apotheke

le bureau

das Büro

la librairie

die Buchhandlung

le magasin

das Geschäft

le fleuriste

der Blumenladen

le supermarché

der Supermarkt

le marché

der Markt

le grand magasin

das Kaufhaus

la poissonnerie

der Fischhändler

le centre commercial

das Einkaufszentrum

le port

der Hafen

le parc

der Park

la banque

die Bank

le pont

die Brücke

les escaliers

die Treppe

le métro

die U-Bahn

le tunnel

der Tunnel

l'arrêt de bus

die Bushaltestelle

le bar

die Bar

le restaurant

das Restaurant

la boîte à lettres

der Briefkasten

le panneau indicateur

das Straßenschild

le parcmètre

die Parkuhr

le zoo

der Zoo

le réverbère

die Badeanstalt

la mosquée

die Moschee

la ferme

der Bauernhof

la pollution

die Umweltverschmutzung

la cimetière

der Friedhof

l'église

die Kirche

l'aire de jeux

der Spielplatz

le temple

der Tempel

le paysage
die Landschaft

la feuille
das Blatt

le panneau indicateur
der Wegweiser

le chemin
der Weg

le pré
die Wiese

la pierre
der Stein

l'arbre
der Baum

le randonneur
der Wanderer

la rivière
der Fluss

l'herbe
das Gras

la fleur
die Blume

la vallée

das Tal

la montagne

der Berg

le lac

der See

la forêt

der Wald

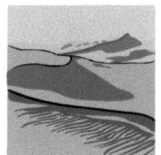

le désert

die Wüste

le volcan

der Vulkan

le château

das Schloss

l'arc-en-ciel

der Regenbogen

le champignon

der Pilz

le palmier

die Palme

le moustique

der Moskito

la mouche

die Fliege

les fourmis

die Ameise

l'abeille

die Biene

l'araignée

die Spinne

le paysage - die Landschaft

le coléoptère

der Käfer

la grenouille

der Frosch

l'écureuil

das Eichhörnchen

le hérisson

der Igel

le lièvre

der Hase

la chouette

die Eule

l'oiseau

die Vogel

le cygne

der Schwan

le sanglier

das Wildschwein

le cerf

der Hirsch

l'élan

der Elch

le barrage

der Staudamm

l'éolienne

das Windrad

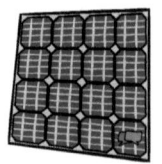

le panneau solaire

das Solarmodul

le climat

das Klima

le restaurant
das Restaurant

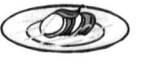

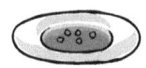

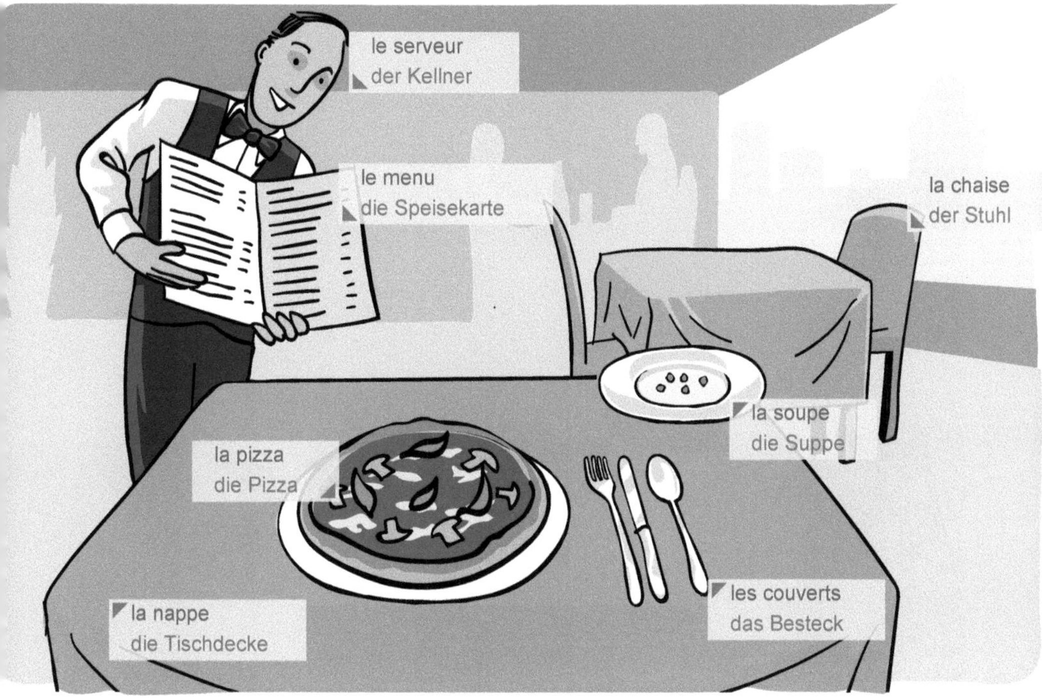
le serveur
der Kellner
le menu
die Speisekarte
la chaise
der Stuhl
la soupe
die Suppe
la pizza
die Pizza
les couverts
das Besteck
la nappe
die Tischdecke

les hors d'œuvre
die Vorspeise

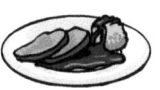

le plat principal
das Hauptgericht

le dessert
die Nachspeise

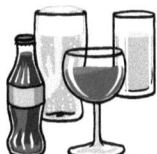

les boissons
die Getränke

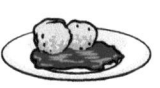

l'alimentation
das Essen

la bouteille
die Flasche

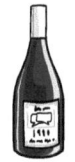

le fast-food

das Fastfood

les plats à emporter

das Streetfood

la théière

die Teekanne

le sucrier

die Zuckerdose

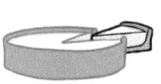

la portion

die Portion

la machine à expresso

die Espressomaschine

la chaise haute

der Hochstuhl

la facture

die Rechnung

le plateau

das Tablett

le couteau

das Messer

la fourchette

die Gabel

la cuillère

der Löffel

la cuillère à thé

der Teelöffel

la serviette

die Serviette

le verre

das Glas

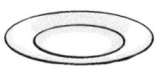

l'assiette

der Teller

l'assiette à soupe

der Suppenteller

la soucoupe

die Untertasse

la sauce

die Sauce

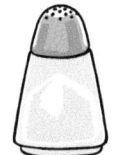

la salière

der Salzstreuer

le moulin à poivre

die Pfeffermühle

le vinaigre

der Essig

l'huile

das Öl

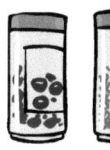

les épices

die Gewürze

le ketchup

das Ketchup

la moutarde

der Senf

la mayonnaise

die Mayonnaise

le supermarché
der Supermarkt

l'offre promotionnelle
das Angebot
FOR
le client
der Kunde
les produits laitiers
die Milchprodukte
les fruits
das Obst
le chariot
der Einkaufswagen

BUTCHERS

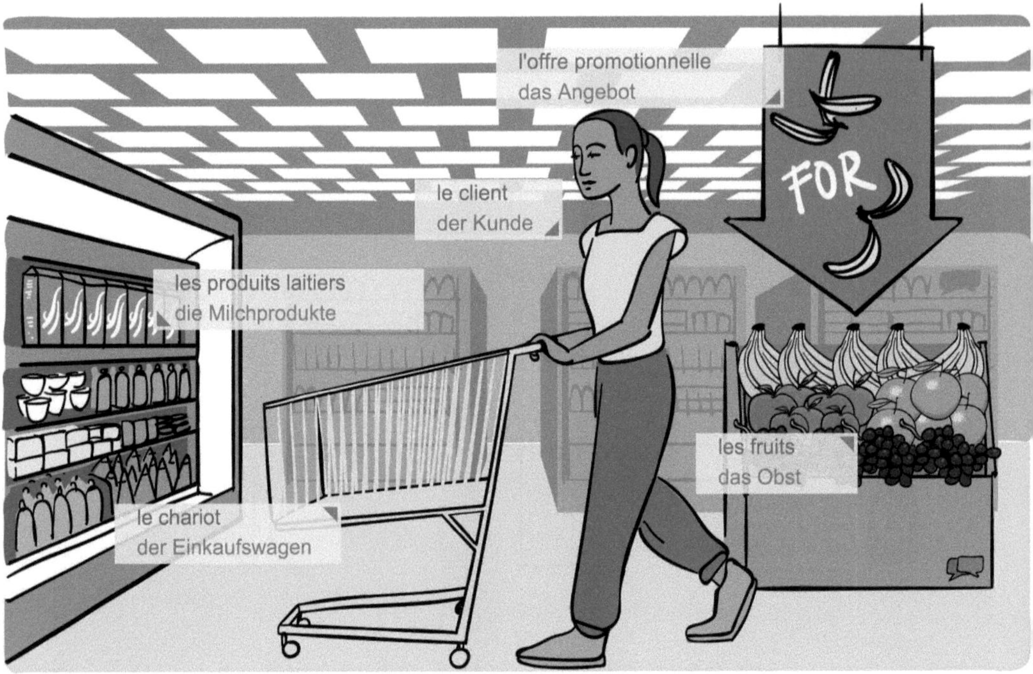

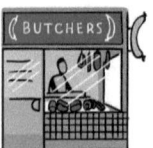

la boucherie

die Schlachterei

BAKERY

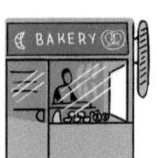

la boulangerie

die Bäckerei

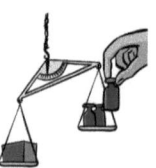

peser

wiegen

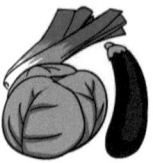

les légumes

das Gemüse

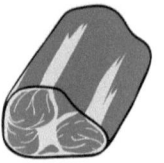

la viande

das Fleisch

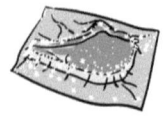

les aliments surgelés

die Tiefkühlkost

la charcuterie

der Aufschnitt

les conserves

die Konserven

la poudre à lessive

das Waschmittel

les bonbons

die Süßigkeiten

les articles ménagers

die Haushaltsartikel

les détergents

das Reinigungsmittel

la vendeuse

die Verkäuferin

la caisse

die Kasse

le caissier

der Kassierer

la liste d'achats

die Einkaufsliste

les heures d'ouverture

die Öffnungszeiten

le portefeuille

die Brieftasche

la carte de crédit

die Kreditkarte

le sac

die Tasche

le sac en plastique

die Plastiktüte

les boissons
die Getränke

l'eau

das Wasser

le jus de fruit

der Saft

le lait

die Milch

le coca

die Cola

le vin

der Wein

la bière

das Bier

l'alcool

der Alkohol

le chocolat chaud

der Kakao

le thé

der Tee

le café

der Kaffee

l'expresso

der Espresso

le cappuccino

der Cappuccino

la banane

die Banane

la pomme

der Apfel

l'orange

die Orange

le melon

die Melone

le citron.

die Zitrone

la carotte

die Karotte

l'ail

der Knoblauch

le bambou

der Bambus

l'oignon

die Zwiebel

le champignon

der Pilz

les noisettes

die Nüsse

les pâtes

die Nudeln

les spaghetti

die Spaghetti

le riz

der Reis

la salade

der Salat

les pommes frites

die Pommes frites

les pommes de terre rôties

die Bratkartoffeln

la pizza

die Pizza

le hamburger

der Hamburger

le sandwich

das Sandwich

l'escalope

das Schnitzel

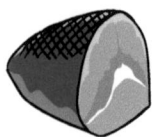

le jambon

der Schinken

le salami

die Salami

la saucisse

die Wurst

le poulet

das Huhn

le rôti

der Braten

le poisson

der Fisch

les flocons d'avoine

die Haferflocken

le muesli

das Müsli

les cornflakes

die Cornflakes

la farine

das Mehl

le croissant

das Croissant

les petits-pains

das Brötchen

le pain

das Brot

le pain grillé

der Toast

les biscuits

die Kekse

le beurre

die Butter

le fromage blanc

der Quark

le gâteau

der Kuchen

l'œuf

das Ei

l'œuf au plat

das Spiegelei

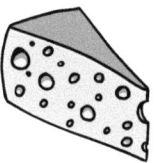

le fromage

der Käse

la glace

die Eiscreme

le sucre

der Zucker

le miel

der Honig

la confiture

die Marmelade

la crème nougat

die Nougat-Creme

le curry

das Curry

la ferme
der Bauernhof

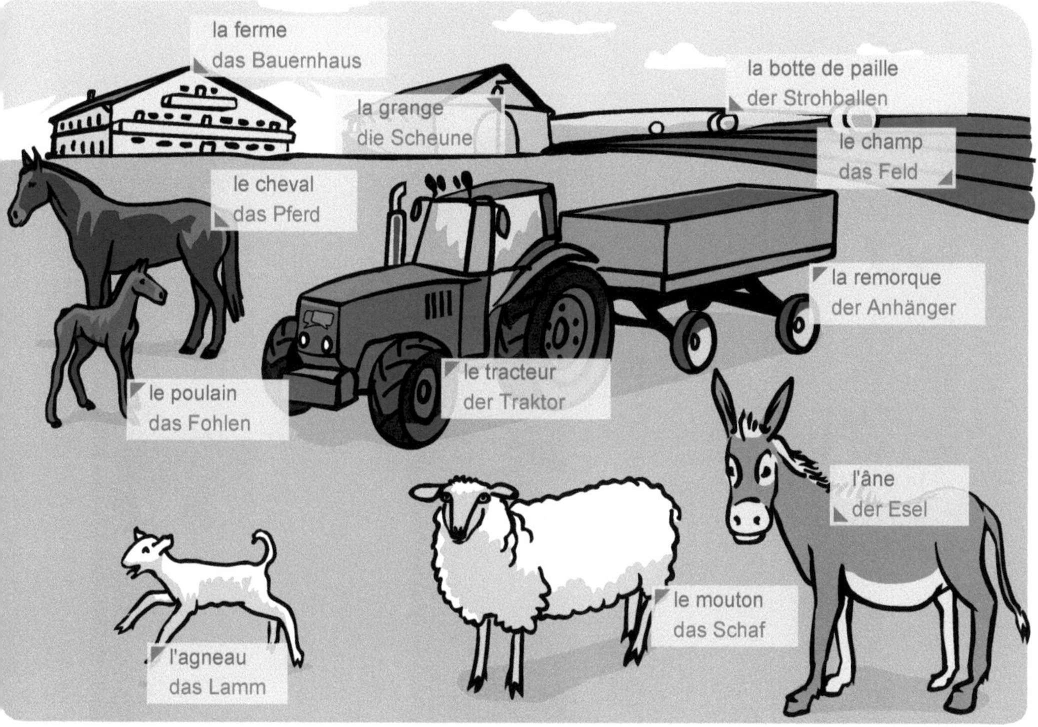

la ferme
das Bauernhaus
la grange
die Scheune
la botte de paille
der Strohballen
le champ
das Feld
le cheval
das Pferd
la remorque
der Anhänger
le tracteur
der Traktor
le poulain
das Fohlen
l'âne
der Esel
le mouton
das Schaf
l'agneau
das Lamm

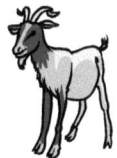

la chèvre
die Ziege

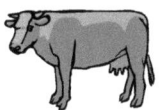

la vache
die Kuh

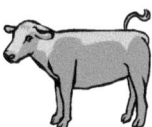

le veau
das Kalb

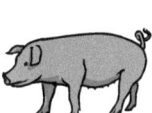

le porc
das Schwein

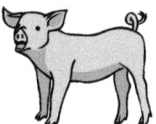

le porcelet
das Ferkel

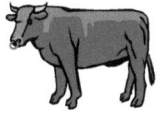

le taureau
der Bulle

l'oie

die Gans

le canard

die Ente

le poussin

das Küken

la poule

das Huhn

le coq

der Hahn

le rat

die Ratte

le chat

die Katze

la souris

die Maus

le bœuf

der Ochse

le chien

der Hund

le chenil

die Hundehütte

le tuyau de jardin

der Gartenschlauch

l'arrosoir

die Gießkanne

la faucheuse

die Sense

la charrue

der Pflug

la faucille

die Sichel

la pioche

die Hacke

la fourche

die Mistgabel

la hache

die Axt

la brouette

die Schubkarre

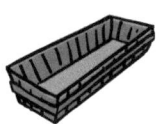

la cuve

der Trog

le pot à lait

die Milchkanne

le sac

der Sack

la clôture

der Zaun

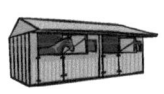

l'étable

der Stall

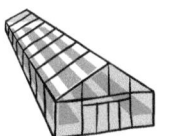

le serre

das Treibhaus

le sol

der Boden

les semences

die Saat

l'engrais

der Dünger

la moissonneuse-batteuse

der Mähdrescher

récolter

ernten

la récolte

die Ernte

l'igname

die Yamswurzel

le blé

der Weizen

le soja

das Soja

la pomme de terre

die Kartoffel

le maïs

der Mais

le colza

der Raps

l'arbre fruitier

der Obstbaum

le manioc

der Maniok

les céréales

das Getreide

la maison
das Haus

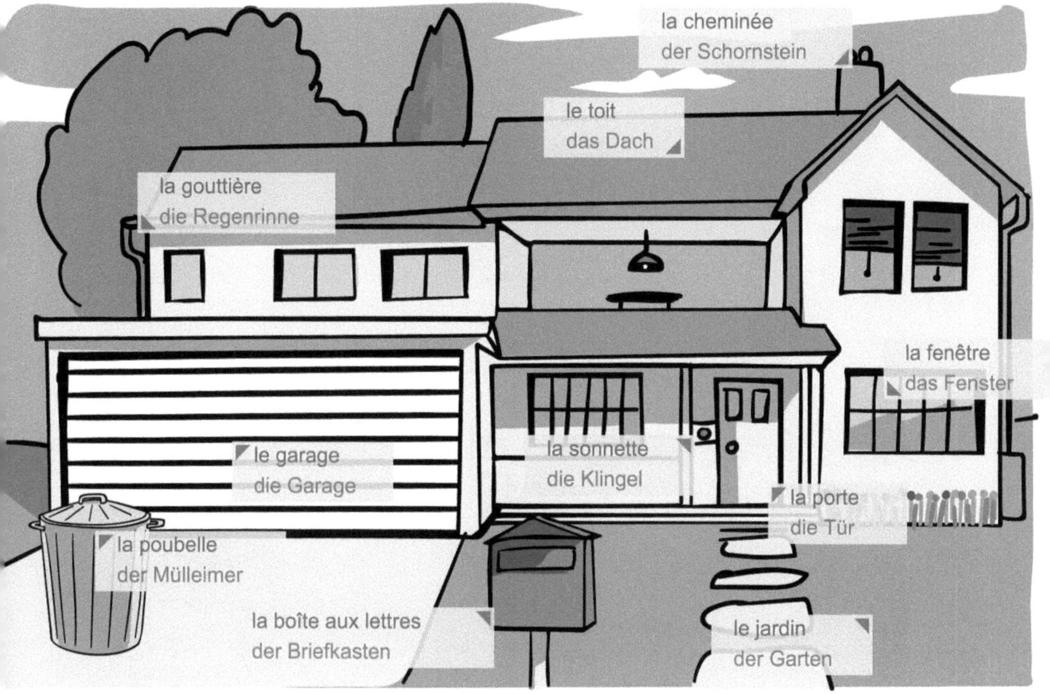

la cheminée
der Schornstein
le toit
das Dach
la gouttière
die Regenrinne
la fenêtre
das Fenster
le garage
die Garage
la sonnette
die Klingel
la porte
die Tür
la poubelle
der Mülleimer
la boîte aux lettres
der Briefkasten
le jardin
der Garten

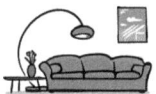

le salon

das Wohnzimmer

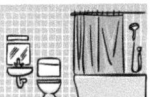

la salle de bain

das Badezimmer

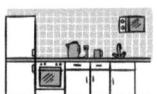

la cuisine

die Küche

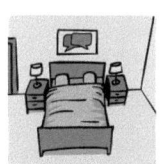

la chambre à coucher

das Schlafzimmer

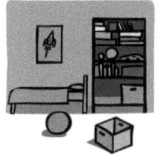

la chambre d'enfant

das Kinderzimmer

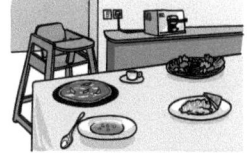

la salle à manger

das Esszimmer

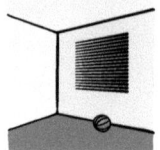

le sol

der Boden

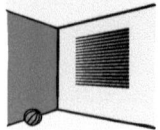

le mur

die Wand

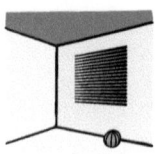

le plafond

die Decke

la cave

der Keller

le sauna

die Sauna

le balcon

der Balkon

la terrasse

die Terrasse

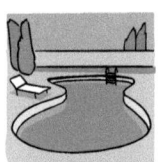

la piscine

das Schwimmbad

la tondeuse à gazon

der Rasenmäher

la housse

der Bettbezug

la couette

die Bettdecke

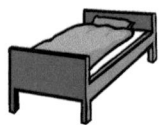

le lit

das Bett

le balai

der Besen

le sceau

der Eimer

l'interrupteur

der Schalter

le salon
das Wohnzimmer

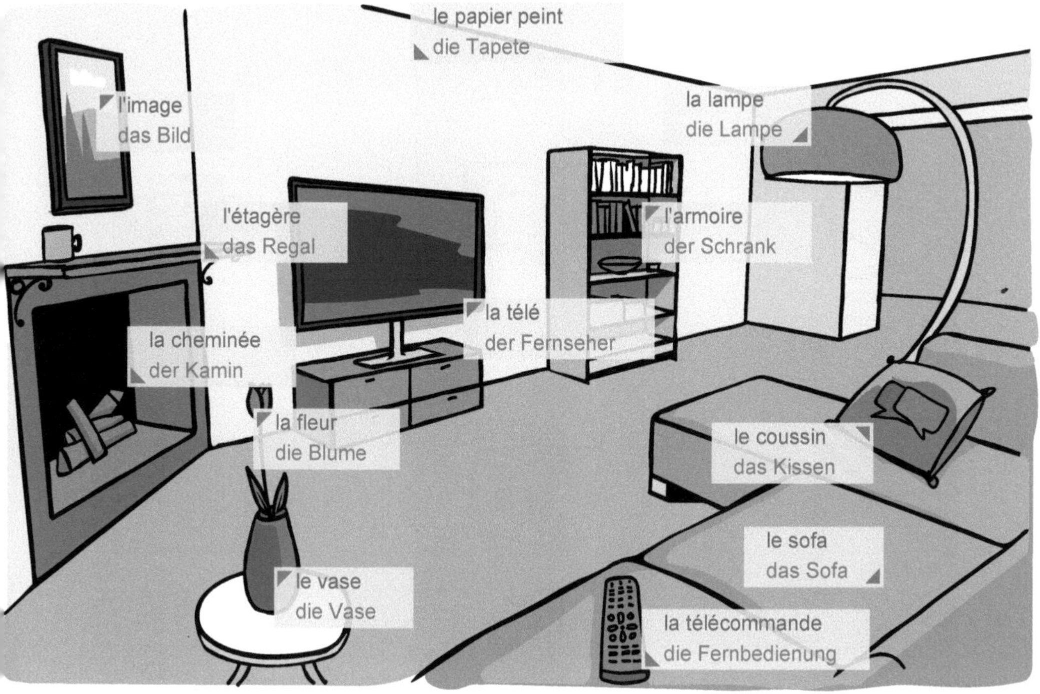
le papier peint
die Tapete
l'image
das Bild
la lampe
die Lampe
l'étagère
das Regal
l'armoire
der Schrank
la télé
der Fernseher
la cheminée
der Kamin
la fleur
die Blume
le coussin
das Kissen
le sofa
das Sofa
le vase
die Vase
la télécommande
die Fernbedienung

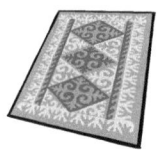

le tapis

der Teppich

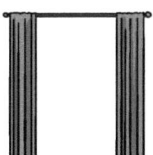

le rideau

der Vorhang

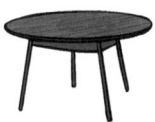

la table

der Tisch

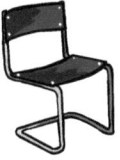

la chaise

der Stuhl

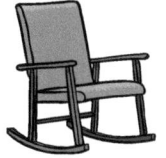

la chaise à bascule

der Schaukelstuhl

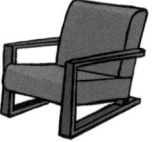

le fauteuil

der Sessel

le livre

das Buch

la couverture

die Decke

la décoration

die Dekoration

le bois de chauffage

das Feuerholz

le film

der Film

la chaîne hi-fi

die Stereoanlage

la clé

der Schlüssel

le journal

die Zeitung

la peinture

das Gemälde

le poster

das Poster

la radio

das Radio

le bloc-notes

der Notizblock

l'aspirateur

der Staubsauger

le cactus

der Kaktus

la bougie

die Kerze

la cuisine
die Küche

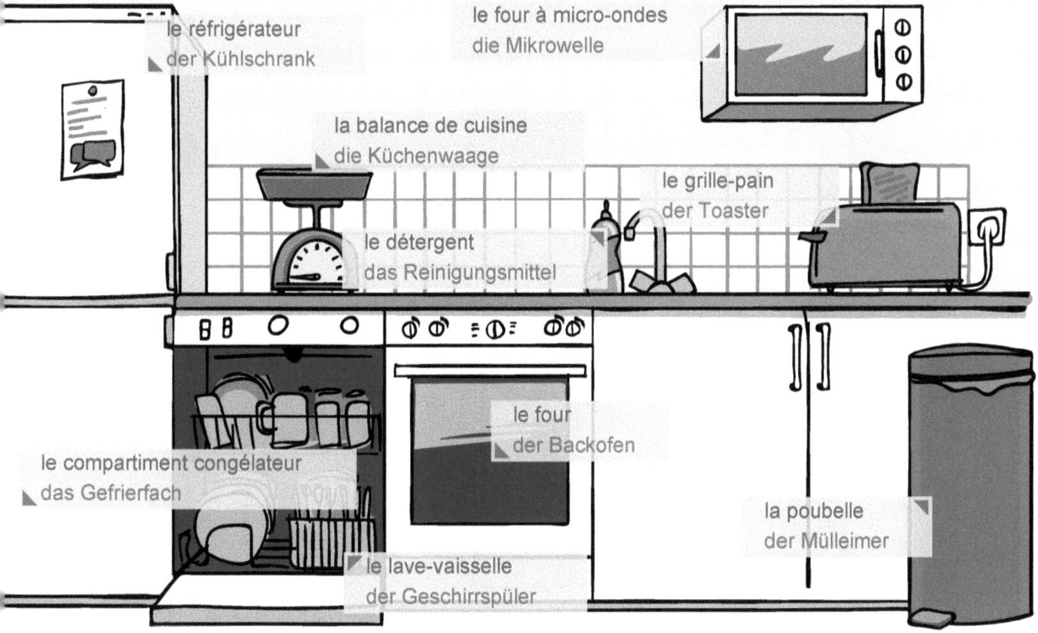
le réfrigérateur
der Kühlschrank
le four à micro-ondes
die Mikrowelle
la balance de cuisine
die Küchenwaage
le grille-pain
der Toaster
le détergent
das Reinigungsmittel
le four
der Backofen
le compartiment congélateur
das Gefrierfach
la poubelle
der Mülleimer
le lave-vaisselle
der Geschirrspüler

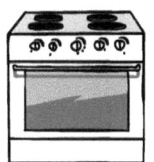

le four
....
der Herd

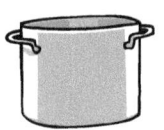

la casserole
....
der Topf

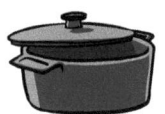

la marmite
....
der Eisentopf

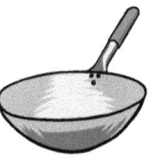

le wok / kadai
....
der Wok / Kadai

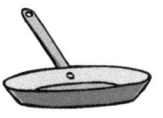

la poêle
....
die Pfanne

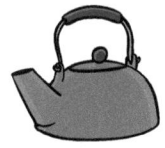

la bouilloire electrique
....
der Wasserkocher

le cuiseur vapeur

der Dampfgarer

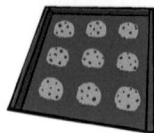

la plaque de cuisson

das Backblech

la vaisselle

das Geschirr

le gobelet

der Becher

la coupe

die Schale

les baguettes

die Essstäbchen

la louche

die Suppenkelle

la spatule

der Pfannenwender

le fouet

der Schneebesen

la passoire

das Kochsieb

le tamis

das Sieb

la râpe

die Reibe

le mortier

der Mörser

le barbecue

der Grill

la cheminée

die Feuerstelle

la planche à découper

das Schneidebrett

le rouleau à pâtisserie

das Nudelholz

le tire-bouchon

der Korkenzieher

la boîte

die Dose

l'ouvre-boîte

der Dosenöffner

les maniques

der Topflappen

le lavabo

das Waschbecken

la brosse

die Bürste

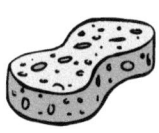

l'éponge

der Schwamm

le mixeur

der Mixer

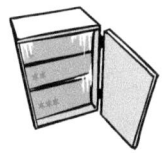

le congélateur

die Gefriertruhe

le biberon

die Babyflasche

le robinet

der Wasserhahn

la cuisine - die Küche

la salle de bain
das Badezimmer

la douche
die Dusche
le chauffage
die Heizung
la serviette
das Handtuch
le rideau de douche
der Duschvorhang
le bain moussant
das Schaumbad
la baignoire
die Badewanne
le verre
das Glas
la machine à laver
die Waschmaschine
le robinet
der Wasserhahn
le carrelage
die Fliesen
le pot
das Töpfchen
le lavabo
das Waschbecken

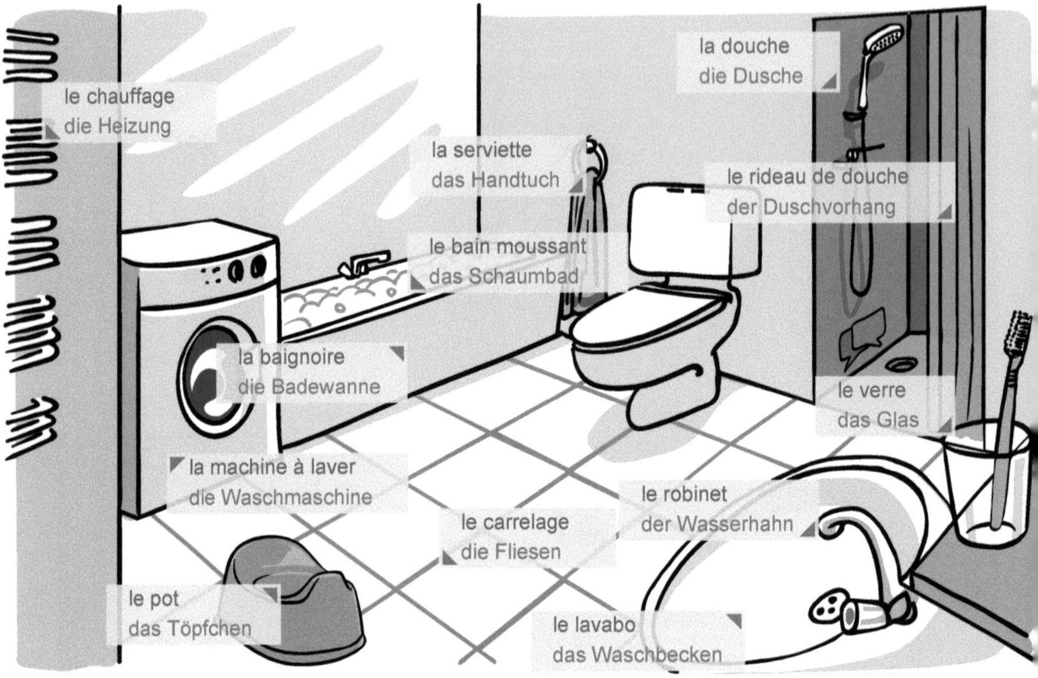

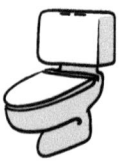

les toilettes

die Toilette

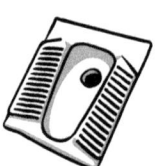

la toilette à la turque

die Hocktoilette

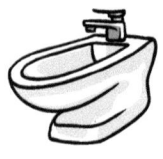

le bidet

das Bidet

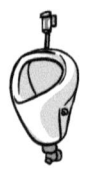

l'urinoir

das Pissoir

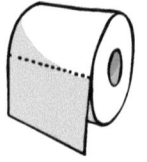

le papier toilette

das Toilettenpapier

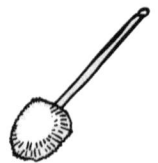

la brosse à toilette

die Toilettenbürste

la brosse à dents

die Zahnbürste

le dentifrice

die Zahnpasta

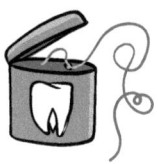

le fil dentaire

die Zahnseide

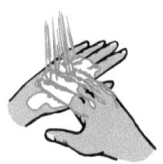

laver

waschen

la douche manuelle

die Handbrause

la douche intime

die Intimdusche

la vasque

die Waschschüssel

la brosse dorsale

die Rückenbürste

le savon

die Seife

le gel douche

das Duschgel

le shampooing

das Shampoo

le gant de toilette

der Waschlappen

l'écoulement

der Abfluss

la crème

die Creme

le déodorant

das Deodorant

le miroir

der Spiegel

le miroir cosmétique

der Kosmetikspiegel

le rasoir

der Rasierer

la mousse à raser

der Rasierschaum

l'après-rasage

das Rasierwasser

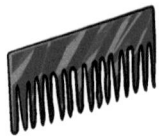

la peigne

der Kamm

la brosse

die Bürste

le sèche-cheveux

der Föhn

la laque pour cheveux

das Haarspray

le fond de teint

das Makeup

le rouge à lèvres

der Lippenstift

le vernis à ongles

der Nagellack

l'ouate

die Watte

le coupe-ongles

die Nagelschere

le parfum

das Parfum

la trousse de toilette

der Kulturbeutel

le tabouret

der Hocker

le pèse-personne

die Waage

le peignoir

der Bademantel

les gants de nettoyage

die Gummihandschuhe

le tampon

das Tampon

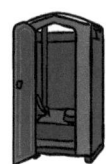

les serviettes hygiéniques

die Damenbinde

la toilette chimique

die Chemietoilette

la chambre d'enfant

das Kinderzimmer

le réveil
der Wecker
le doudou
das Kuscheltier
la voiture jouet
das Spielzeugauto
le hochet
die Rassel
la maison de poupée
das Puppenhaus
le cadeau
das Geschenk

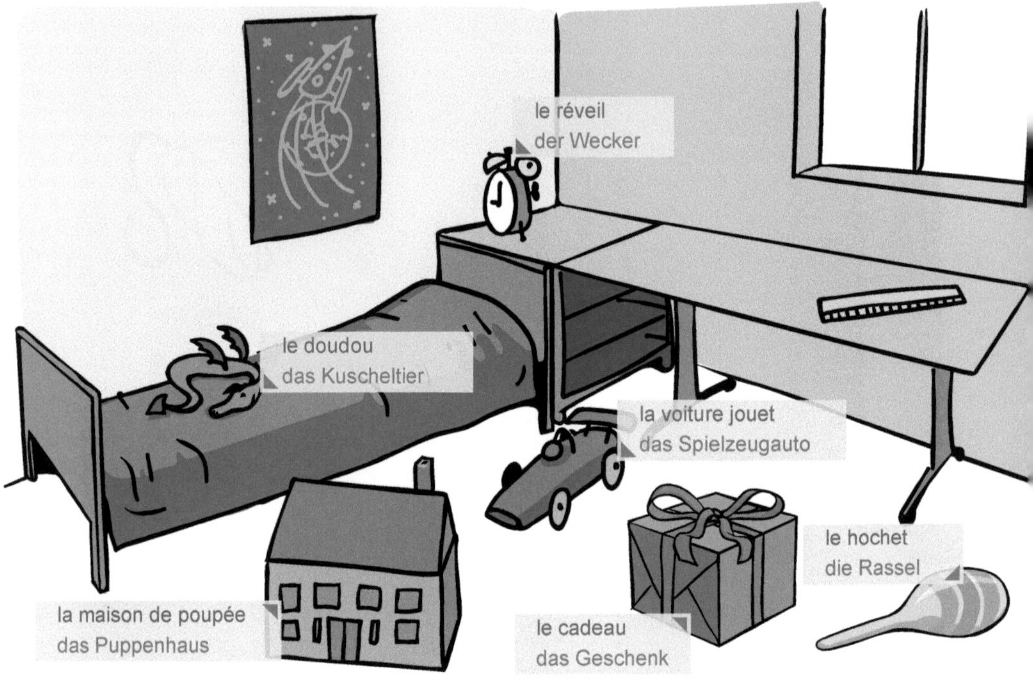

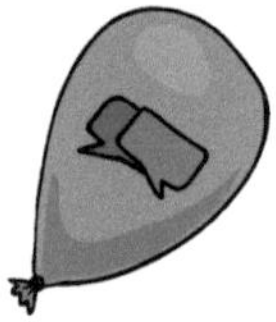

le ballon

der Ballon

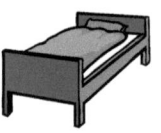

le lit

das Bett

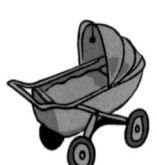

la poussette

der Kinderwagen

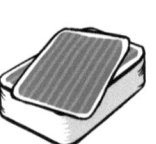

le jeu de cartes

das Kartenspiel

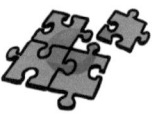

le puzzle

das Puzzle

SUPER
MEGA

la bande dessinée

der Comic

les pièces lego

die Legosteine

les blocs de construction

die Bausteine

la figurine

die Action Figur

la grenouillère

der Strampelanzug

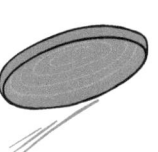

le frisbee

das Frisbee

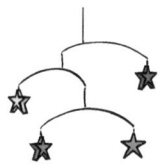

le mobile

das Mobile

le jeu de société

das Brettspiel

le dé

der Würfel

le train miniature

die Modelleisenbahn

la sucette

der Schnuller

la fête

die Party

le livre d'images

das Bilderbuch

la balle

der Ball

la poupée

die Puppe

jouer

spielen

la chambre d'enfant - das Kinderzimmer

le bac à sable

der Sandkasten

la balançoire

die Schaukel

les jouets

das Spielzeug

la console de jeu

die Spielkonsole

le tricycle

das Dreirad

l'ours en peluche

der Teddy

l'armoire

der Kleiderschrank

les vêtements
die Kleidung

les chaussettes

die Socken

les bas

die Strümpfe

le collant

die Strumpfhose

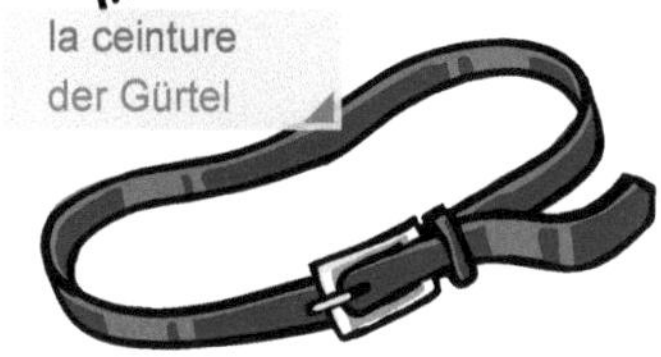

l'écharpe
der Schal

le parapluie
der Regenschirm

la ceinture
der Gürtel

le t-shirt
das T-Shirt

les baskets
die Turnschuhe

les bottes
der Stiefel

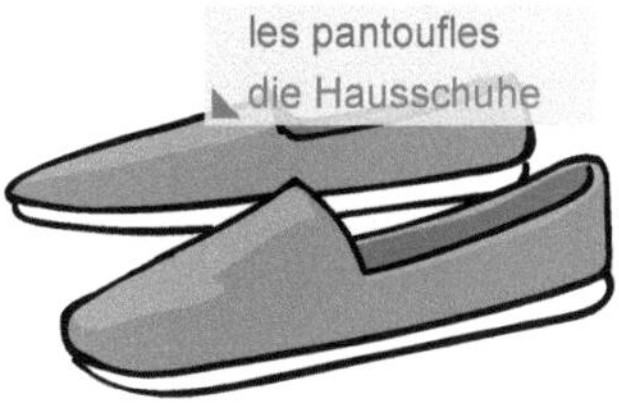

les pantoufles
die Hausschuhe

les sandales
die Sandalen

les chaussures
die Schuhe

les bottes de caoutchouc
die Gummistiefel

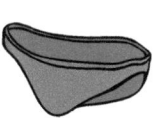

les sous-vêtements
die Unterhose

le soutien-gorge
der Büstenhalter

le maillot de corps
das Unterhemd

les vêtements - die Kleidung

45

le body
....
der Body

le pantalon
....
die Hose

le jean
....
die Jeans

la jupe
....
der Rock

le chemisier
....
die Bluse

la chemise
....
das Hemd

le pull
....
der Pullover

le sweat à capuche
....
der Kapuzenpullover

la veste
....
der Blazer

la veste
....
die Jacke

le manteau
....
der Mantel

l'imperméable
....
der Regenmantel

le costume
....
das Kostüm

la robe
....
das Kleid

la robe de mariée
....
das Hochzeitskleid

le costume

der Anzug

la chemise de nuit

das Nachthemd

le pyjama

der Schlafanzug

le sari

der Sari

le foulard

das Kopftuch

le turban

der Turban

la burqa

die Burka

le caftan

der Kaftan

l'abaya

die Abaya

le maillot de bain

der Badeanzug

le maillot de bain

die Badehose

le short

die kurze Hose

la tenue d'entraînement

der Trainingsanzug

le tablier

die Schürze

les gants

die Handschuhe

le bouton
der Knopf

les lunettes
die Brille

le bracelet
das Armband

le collier
die Halskette

la bague
der Ring

la boucle d'oreille
der Ohrring

le bonnet
die Mütze

le cintre
der Kleiderbügel

le chapeau
der Hut

la cravate
die Krawatte

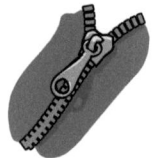

la fermeture éclair
der Reißverschluss

le casque
der Helm

les bretelles
der Hosenträger

l'uniforme scolaire
die Schuluniform

l'uniforme
die Uniform

le bavoir

das Lätzchen

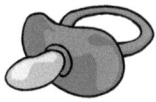

la sucette

der Schnuller

la lange

die Windel

le bureau
das Büro

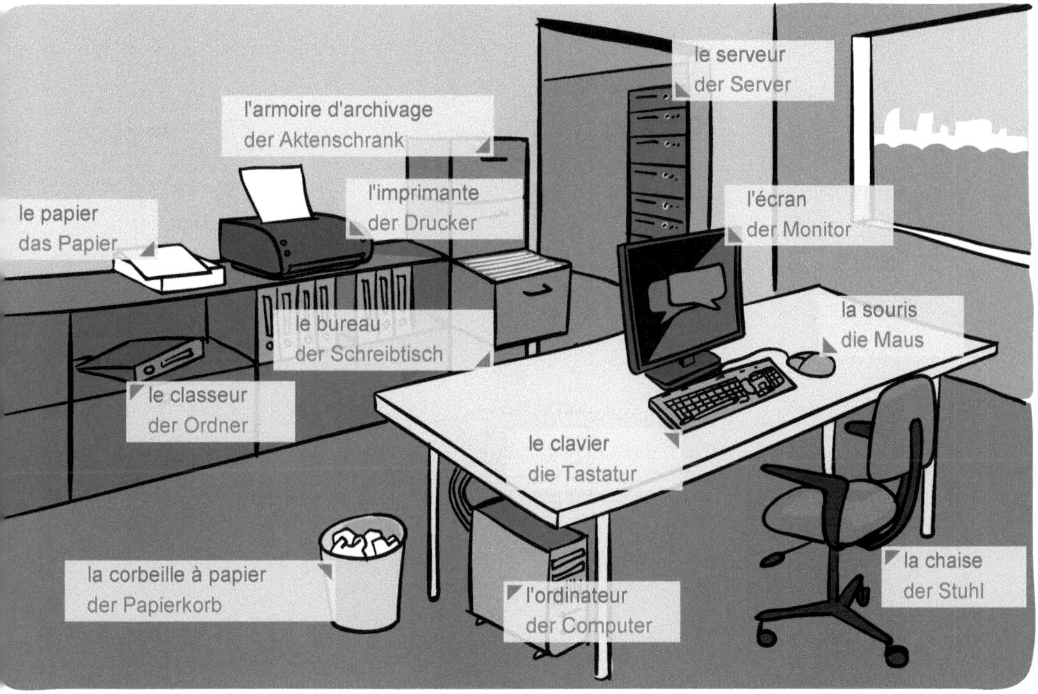

le serveur
der Server

l'armoire d'archivage
der Aktenschrank

l'imprimante
der Drucker

le papier
das Papier

l'écran
der Monitor

le bureau
der Schreibtisch

la souris
die Maus

le classeur
der Ordner

le clavier
die Tastatur

la corbeille à papier
der Papierkorb

la chaise
der Stuhl

l'ordinateur
der Computer

la tasse de café

der Kaffeebecher

la calculatrice

der Taschenrechner

l'internet

das Internet

l'ordinateur portable
der Laptop

la lettre
der Brief

le message
die Nachricht

le portable
das Handy

le réseau
das Netzwerk

la photocopieuse
der Kopierer

le logiciel
die Software

le téléphone
das Telefon

la prise
die Steckdose

le fax
das Fax

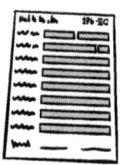

le formulaire
das Formular

le document
das Dokument

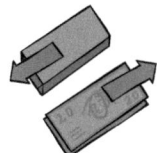

acheter
....
kaufen

payer
....
bezahlen

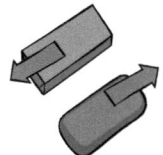

faire du commerce
....
handeln

la monnaie
....
das Geld

le dollar
....
der Dollar

l'euro
....
der Euro

le yen
....
der Yen

le rouble
....
der Rubel

le franc suisse
....
der Franken

le renminbi yuan
....
der Renminbi Yuan

la roupie
....
die Rupie

le distributeur automatique
....
der Geldautomat

le bureau de change

die Wechselstube

l'or

das Gold

l'argent

das Silber

le pétrole

das Öl

l'énergie

die Energie

le prix

der Preis

le contrat

der Vertrag

la taxe

die Steuer

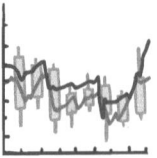

l'action

die Aktie

travailler

arbeiten

l'employé

der Angestellte

l'employeur

der Arbeitgeber

l'usine

die Fabrik

le magasin

das Geschäft

les professions

die Berufe

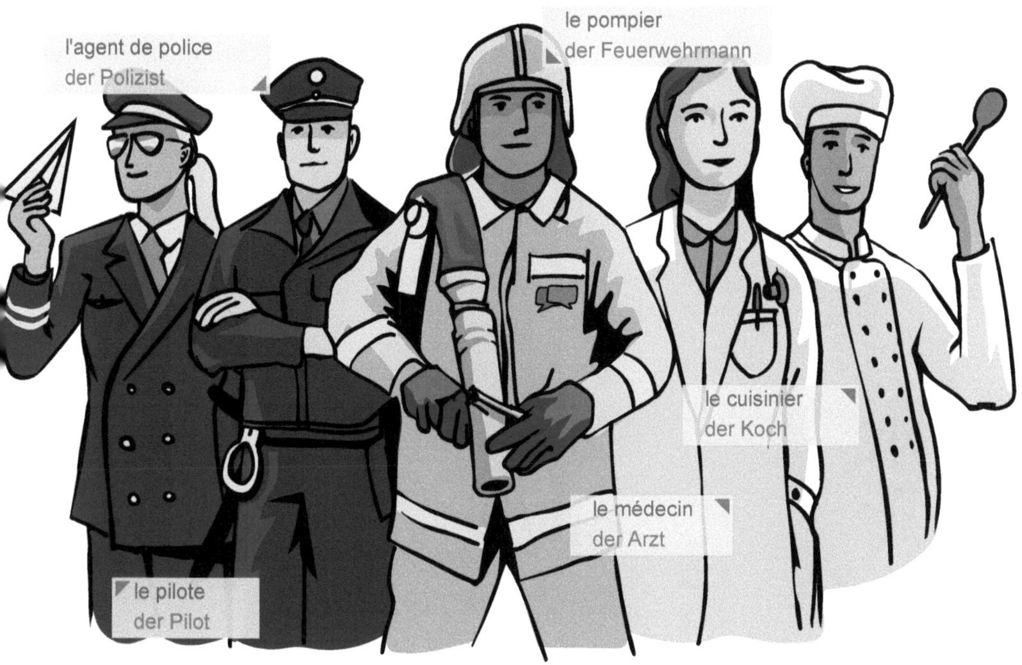
l'agent de police
der Polizist
le pompier
der Feuerwehrmann
le cuisinier
der Koch
le médecin
der Arzt
le pilote
der Pilot

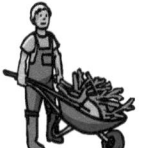

le jardinier

der Gärtner

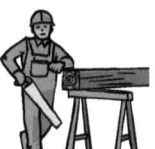

le menuisier

der Tischler

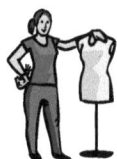

la couturière

die Näherin

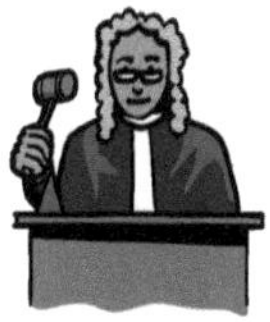

le juge

der Richter

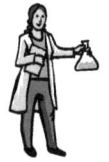

le chimiste

der Chemiker

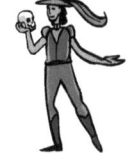

l'acteur

der Schauspieler

le conducteur de bus

der Busfahrer

le chauffeur de taxi

der Taxifahrer

le pêcheur

der Fischer

la femme de ménage

die Putzfrau

le couvreur

der Dachdecker

le serveur

der Kellner

le chasseur

der Jäger

le peintre

der Maler

le boulanger

der Bäcker

l'électricien

der Elektriker

l'ouvrier

der Bauarbeiter

l'ingénieur

der Ingenieur

le boucher

der Schlachter

le plombier

der Klempner

le facteur

der Postbote

le soldat

der Soldat

l'architecte

der Architekt

le caissier

der Kassierer

le fleuriste

der Florist

le coiffeur

der Friseur

le contrôleur

der Schaffner

le mécanicien

der Mechaniker

le capitaine

der Kapitän

le dentiste

der Zahnarzt

le scientifique

der Wissenschaftler

le rabbin

der Rabbi

l'imam

der Imam

le moine

der Mönch

le prêtre

der Geistliche

les professions - die Berufe

les outils
die Werkzeuge

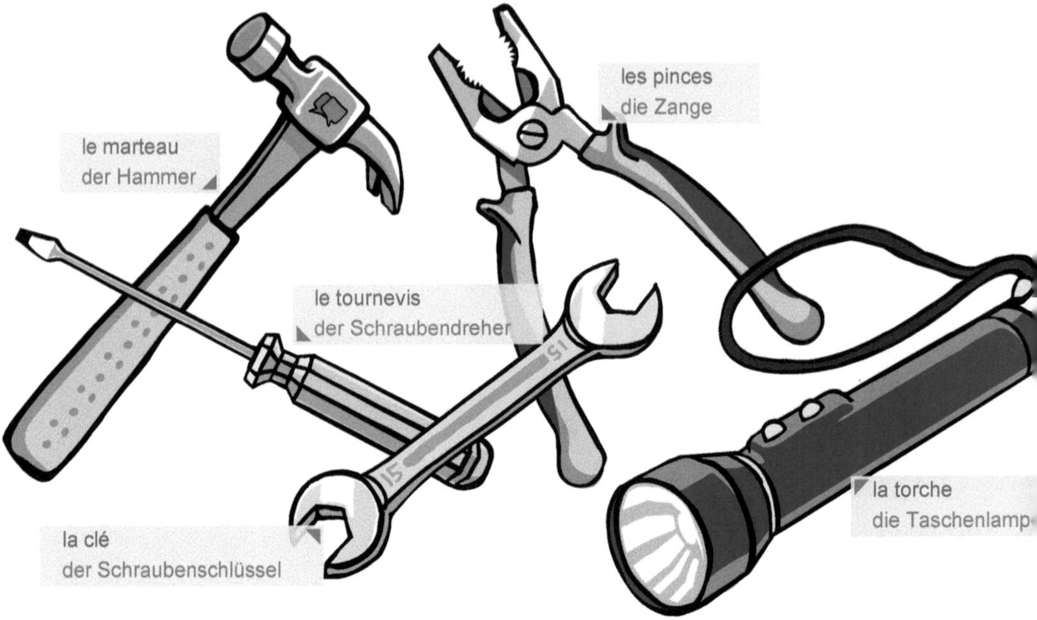

les pinces
die Zange
le marteau
der Hammer
le tournevis
der Schraubendreher
la torche
die Taschenlamp
la clé
der Schraubenschlüssel

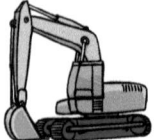

la pelleteuse
der Bagger

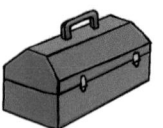

la boîte à outils
der Werkzeugkasten

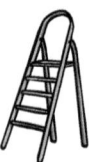

l'échelle
die Leiter

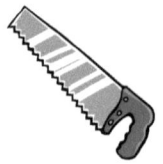

la scie
die Säge

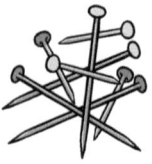

les clous
die Nägel

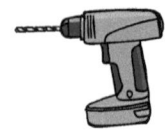

la perceuse
der Bohrer

réparer

reparieren

la pelle

die Schaufel

Mince !

Mist!

la pelle

das Kehrblech

le pot de peinture

der Farbtopf

les vis

die Schrauben

les instruments de musique
die Musikinstrumente

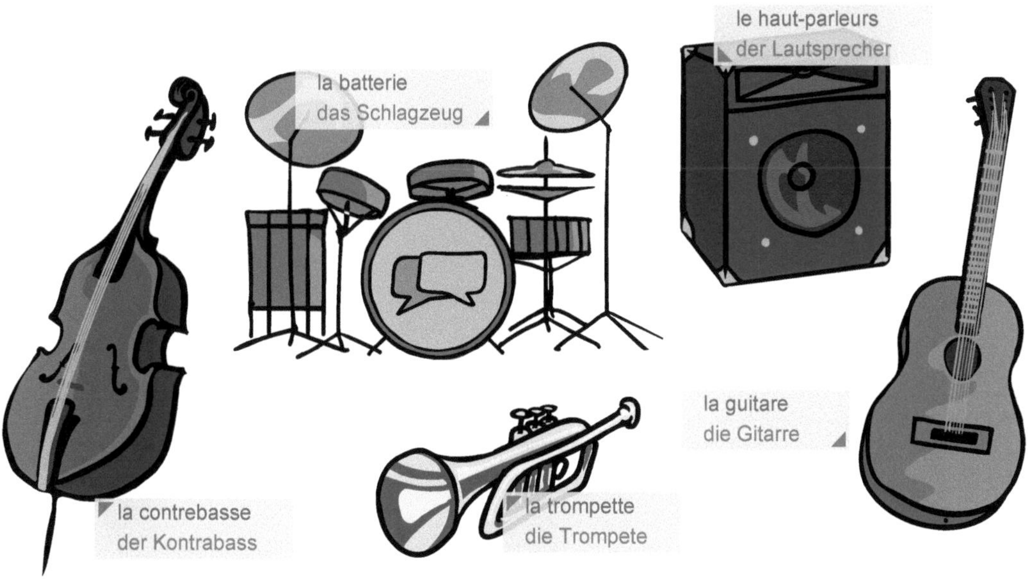

le haut-parleurs
der Lautsprecher

la batterie
das Schlagzeug

la contrebasse
der Kontrabass

la trompette
die Trompete

la guitare
die Gitarre

le piano

das Klavier

le violon

die Violine

la basse

der Bass

les timbales

die Pauke

le tambour

die Trommeln

le piano électrique

das Keyboard

le saxophone

das Saxophon

la flûte

die Flöte

le microphone

das Mikrofon

le zoo
der Zoo

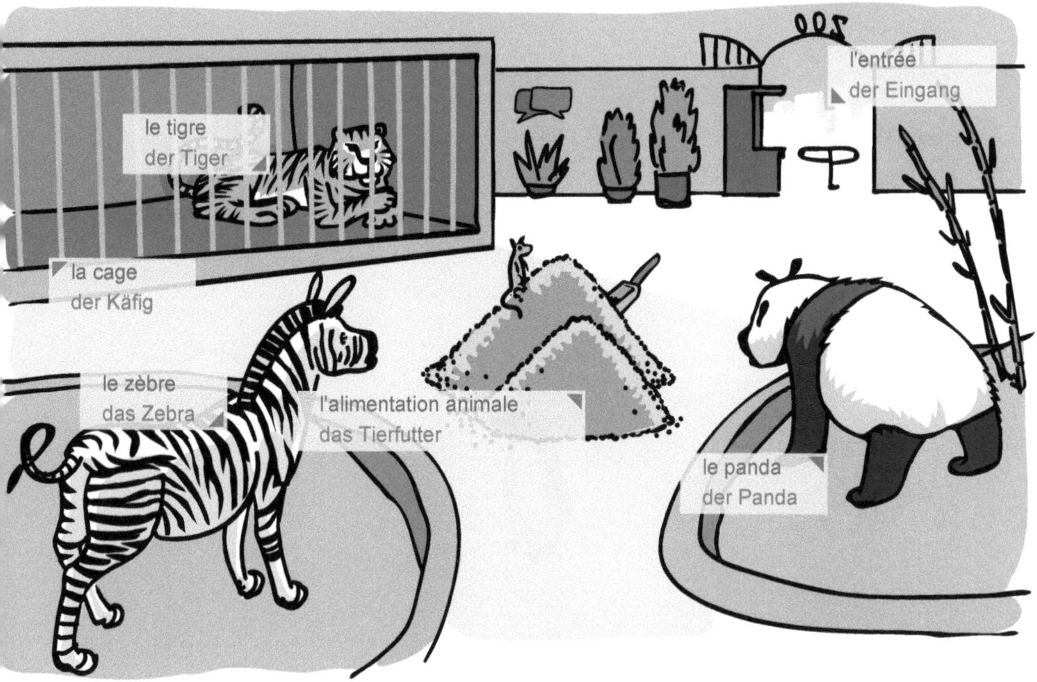
zoo
l'entrée
der Eingang
le tigre
der Tiger
la cage
der Käfig
le zèbre
das Zebra
l'alimentation animale
das Tierfutter
le panda
der Panda

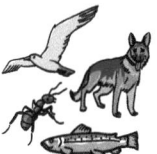

les animaux

die Tiere

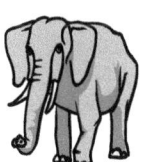

l'éléphant

der Elefant

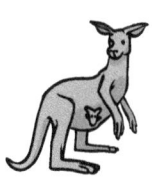

le kangourou

das Känguruh

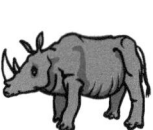

le rhinocéros

das Nashorn

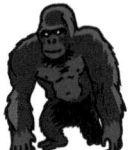

le gorille

der Gorilla

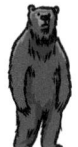

l'ours

der Bär

le chameau

das Kamel

l'autruche

der Strauß

le lion

der Löwe

le singe

der Affe

le flamand rose

der Flamingo

le perroquet

der Papagei

l'ours polaire

der Eisbär

le pingouin

der Pinguin

le requin

der Hai

le paon

der Pfau

le serpent

die Schlange

le crocodile

das Krokodil

le gardien de zoo

der Zoowärter

le phoque

die Robbe

le jaguar

der Jaguar

le poney

das Pony

le léopard

der Leopard

l'hippopotame

das Nilpferd

la girafe

die Giraffe

l'aigle

der Adler

le sanglier

das Wildschwein

le poisson

der Fisch

la tortue

die Schildkröte

le morse

das Walross

le renard

der Fuchs

la gazelle

die Gazelle

l'american Football
das American Football

le cyclisme
das Radfahren

le tennis
das Tennis

le basket-ball
der Basketball

la natation
das Schwimmen

la boxe
das Boxen

le hockey sur glace
das Eishockey

le football
der Fußball

le badminton
das Badminton

l'athlétisme
die Leichtathletik

le handball
der Handball

le ski
das Skilaufen

le polo
das Polo

sauter
springen

embrasser
umarmen

rire
lachen

marcher
gehen

chanter
singen

rêver
träumen

prier
beten

faire la bise
küssen

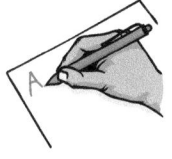

écrire
schreiben

dessiner
zeichnen

montrer
zeigen

pousser
drücken

donner
geben

prendre
nehmen

avoir

haben

faire

tun

être

sein

être debout

stehen

courir

laufen

trier

ziehen

jeter

werfen

tomber

fallen

être couché

liegen

attendre

warten

porter

tragen

être assis

sitzen

s'habiller

anziehen

dormir

schlafen

se réveiller

aufwachen

regarder

ansehen

pleurer

weinen

caresser

streicheln

peigner

kämmen

parler

reden

comprendre

verstehen

demander

fragen

écouter

hören

boire

trinken

manger

essen

ranger

aufräumen

aimer

lieben

cuire

kochen

conduire

fahren

voler

fliegen

faire de la voile
segeln

calculer
rechnen

lire
lesen

apprendre
lernen

travailler
arbeiten

se marier
heiraten

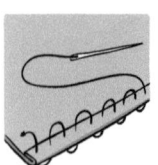

coudre
nähen

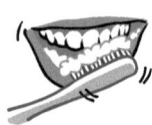

brosser les dents
Zähne putzen

tuer
töten

fumer
rauchen

envoyer
senden

la famille
die Familie

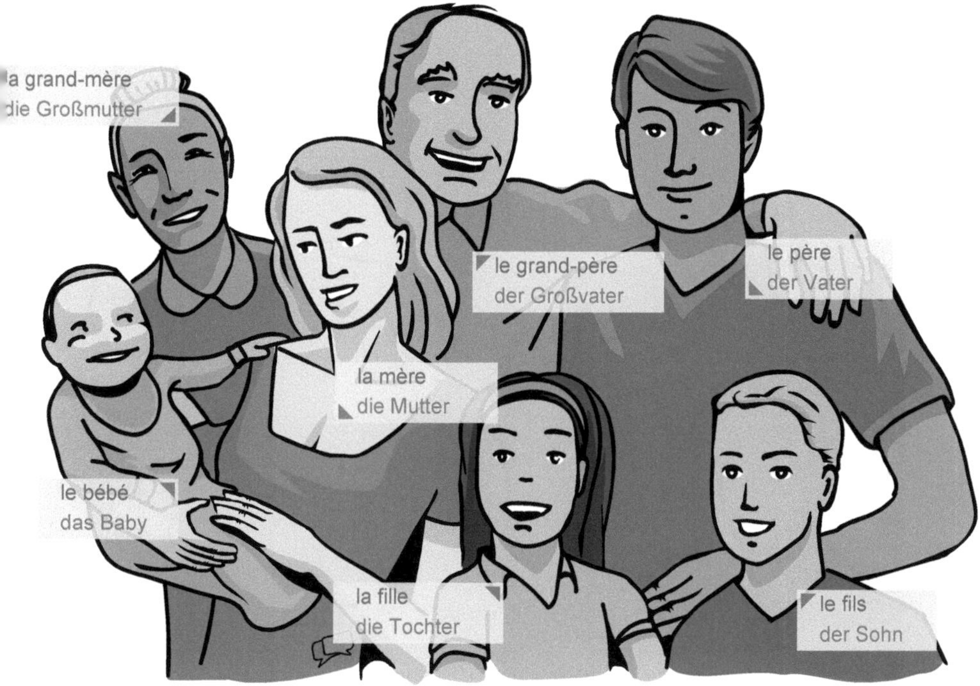
a grand-mère
die Großmutter
le grand-père
der Großvater
le père
der Vater
la mère
die Mutter
le bébé
das Baby
la fille
die Tochter
le fils
der Sohn

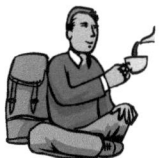

l'hôte

der Gast

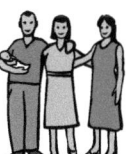

la tante

die Tante

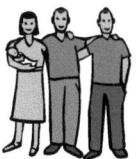

l'oncle

der Onkel

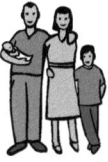

le frère

der Bruder

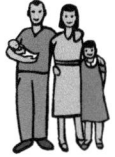

la sœur

die Schwester

le corps
der Körper

le front
die Stirn
l'œil
das Auge
l'épaule
die Schulter
le doigt
der Finger
le visage
das Gesicht
le menton
das Kinn
la main
die Hand
la jambe
das Bein
la poitrine
die Brust
le bras
der Arm

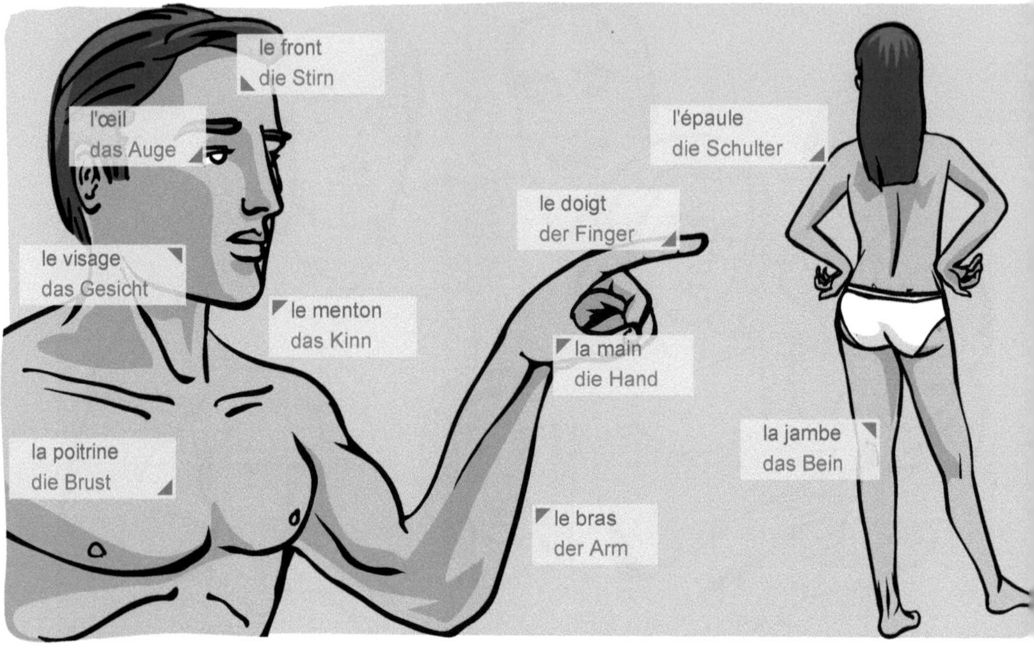

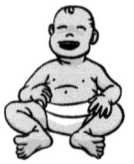

le bébé

das Baby

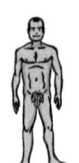

l'homme

der Mann

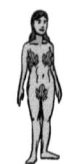

la femme

die Frau

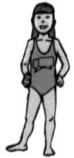

la fille

das Mädchen

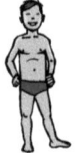

le garçon

der Junge

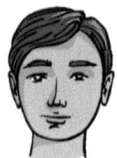

la tête

der Kopf

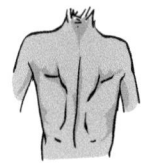

le dos

der Rücken

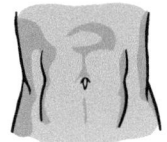

le ventre

der Bauch

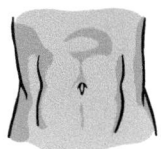

le nombril

der Nabel

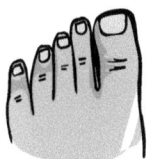

l'orteil

der Zeh

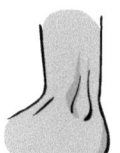

le talon

die Ferse

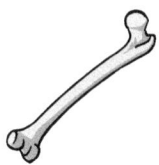

l'os

der Knochen

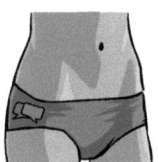

la hanche

die Hüfte

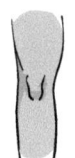

le genou

das Knie

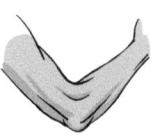

le coude

der Ellenbogen

le nez

die Nase

les fesses

das Gesäß

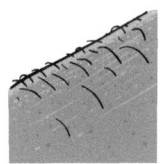

la peau

die Haut

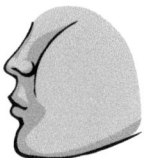

la joue

die Wange

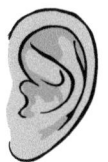

l'oreille

das Ohr

la lèvre

die Lippe

la bouche

der Mund

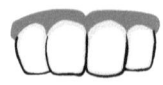

la dent

der Zahn

la langue

die Zunge

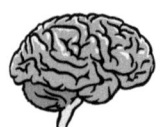

le cerveau

das Gehirn

le cœur

das Herz

le muscle

der Muskel

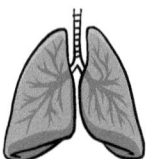

les poumons

die Lunge

le foie

die Leber

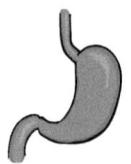

l'estomac

der Magen

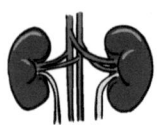

les reins

die Nieren

le rapport sexuel

der Geschlechtsverkehr

le préservatif

das Kondom

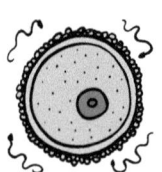

l'ovule

die Eizelle

le sperme

das Sperma

la grossesse

die Schwangerschaft

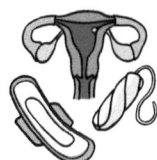

la menstruation

die Menstruation

le vagin

die Vagina

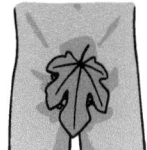

le pénis

der Penis

le sourcil

die Augenbraue

les cheveux

das Haar

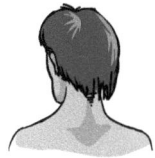

le cou

der Hals

l'hôpital

das Krankenhaus

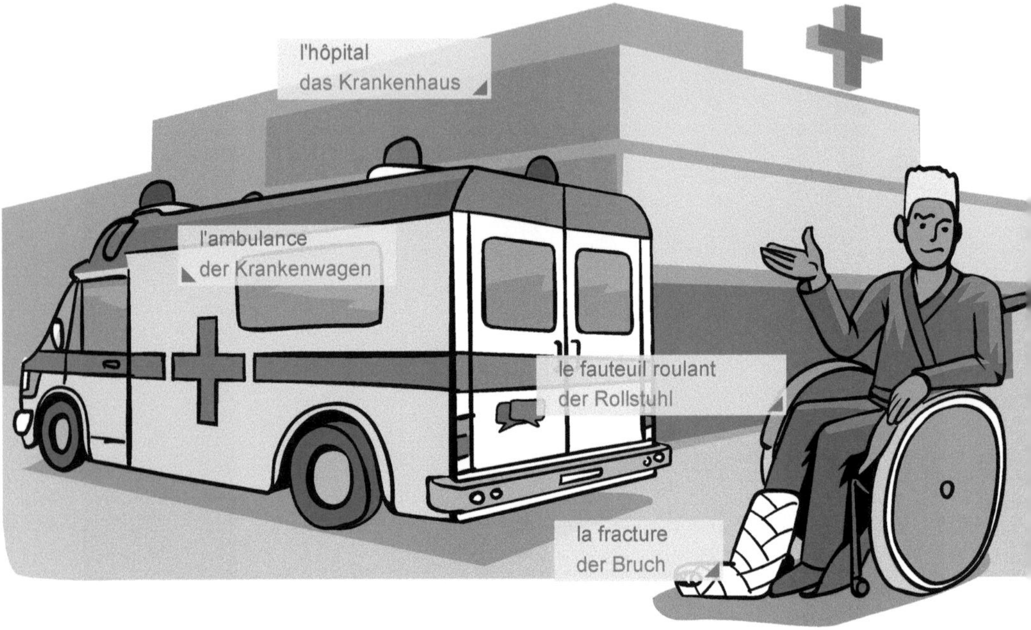

l'hôpital
das Krankenhaus
l'ambulance
der Krankenwagen
le fauteuil roulant
der Rollstuhl
la fracture
der Bruch

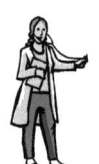

le médecin

der Arzt

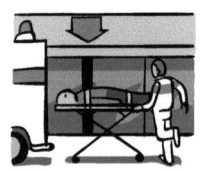

le service des urgences

die Notaufnahme

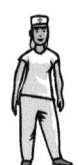

l'infirmière

die Krankenschwester

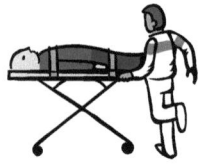

l'urgence

der Notfall

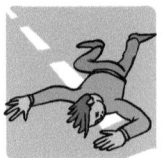

inconscient

ohnmächtig

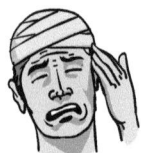

la douleur

der Schmerz

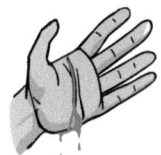

la blessure

die Verletzung

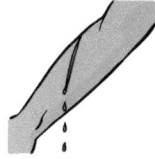

l'hémorragie

die Blutung

la crise cardiaque

der Herzinfarkt

l'attaque cérébrale

der Schlaganfall

l'allergie

die Allergie

la toux

der Husten

la fièvre

das Fieber

la grippe

die Grippe

la diarrhée

der Durchfall

le mal de tête

die Kopfschmerzen

le cancer

der Krebs

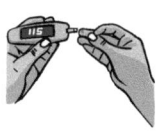

le diabète

die Diabetis

le chirurgien

der Chirurg

le scalpel

das Skalpell

l'opération

die Operation

l'hôpital - das Krankenhaus

le CT

das CT

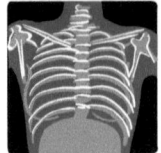

la radiographie

das Röntgen

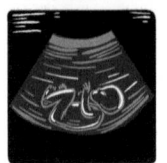

l'échographie

das Ultraschall

le masque

die Maske

la maladie

die Krankheit

la salle d'attente

das Wartezimmer

la béquille

die Krücke

le pansement

das Pflaster

le pansement

der Verband

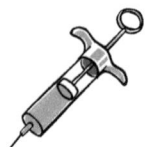

l'injection

die Injektion

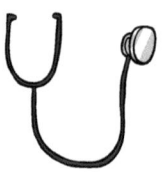

le stéthoscope

das Stethoskop

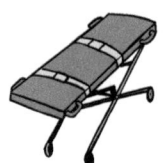

le brancard

die Trage

le thermomètre

das Thermometer

l'accouchement

die Geburt

la surcharge pondérale

das Übergewicht

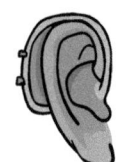

l'appareil auditif

das Hörgerät

le désinfectant

das Desinfektionsmittel

l'infection

die Infektion

le virus

das Virus

le VIH / le sida

das HIV / AIDS

le médicament

die Medizin

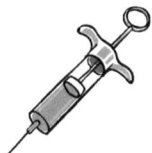

la vaccination

die Impfung

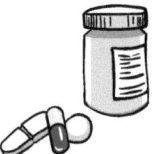

les comprimés

die Tabletten

la pilule

die Pille

l'appel d'urgence

der Notruf

le tensiomètre

das Blutdruck-Messgerät

malade / sain

krank / gesund

Au secours !

Hilfe!

l'alarme

der Alarm

l'assaut

der Überfall

l'attaque

der Angriff

le danger

die Gefahr

la sortie de secours

der Notausgang

Au feu!

Feuer!

l'extincteur

der Feuerlöscher

l'accident

der Unfall

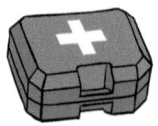

la trousse de premier secours

der Erste-Hilfe-Koffer

SOS

SOS

la police

die Polizei

l'Europe

das Europa

l'Amérique du Nord

das Nordamerika

l'Amérique du Sud

das Südamerika

l'Afrique

das Afrika

l'Asie

das Asien

l'Australie

das Australien

l'Océan atlantique

der Atlantik

l'Océan pacifique

der Pazifik

l'Océan indien

der Indische Ozean

l'Océan antarctique

der Antarktische Ozean

l'Océan arctique

der Arktische Ozean

le Pôle nord

der Nordpol

le Pôle sud

der Südpol

l'Antarctique

die Antarktis

la terre

die Erde

le pays

das Land

la mer

das Meer

l'île

die Insel

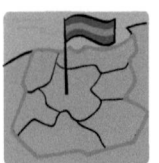

la nation

die Nation

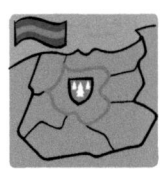

l'état

der Staat

le cadran

das Zifferblatt

l'aiguille des heures

der Stundenzeiger

l'aiguille des minutes

der Minutenzeiger

l'aiguille des secondes

der Sekundenzeiger

Quelle heure est-il ?

Wie spät ist es?

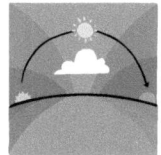

le jour

der Tag

le temps

die Zeit

maintenant

jetzt

la montre digitale

die Digitaluhr

la minute

die Minute

l'heure

die Stunde

la semaine

die Woche

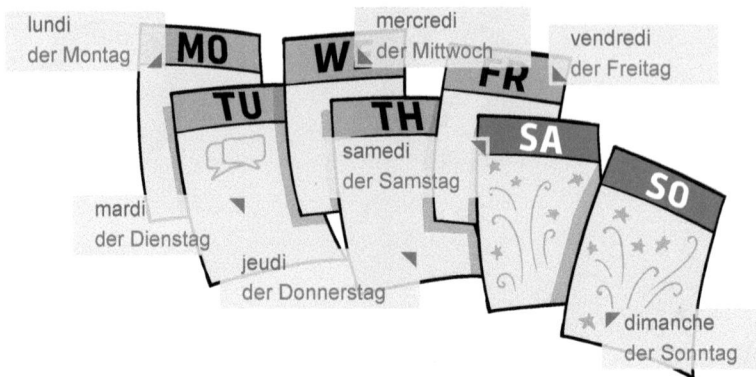

lundi
der Montag

mercredi
der Mittwoch

vendredi
der Freitag

mardi
der Dienstag

samedi
der Samstag

jeudi
der Donnerstag

dimanche
der Sonntag

hier

gestern

aujourd'hui

heute

demain

morgen

le matin

der Morgen

le midi

der Mittag

le soir

der Abend

les jours ouvrables

die Arbeitstage

le week-end

das Wochenende

l'année
das Jahr

la pluie
der Regen
l'arc-en-ciel
der Regenbogen
la neige
der Schnee
le vent
der Wind
le printemps
der Frühling
l'automne
der Herbst
l'été
der Sommer
l'hiver
der Winter

4.APRIL 11°
5.APRIL 4°
6.APRIL 13°
7.APRIL 8°
8.APRIL 10°

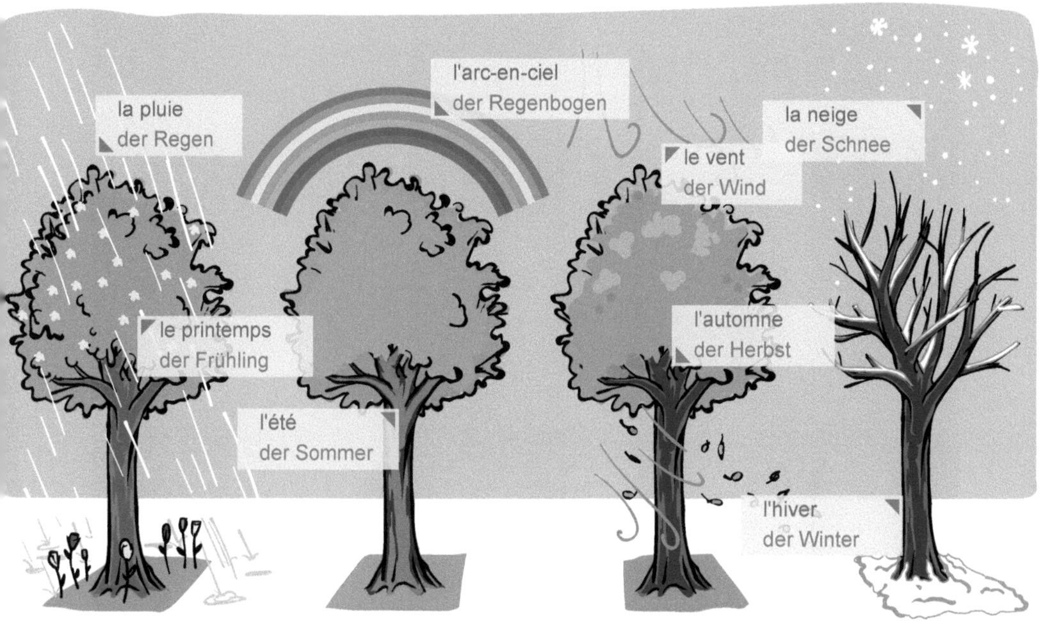

la météo

die Wettervorhersage

F
C

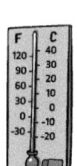

le thermomètre

das Thermometer

la lumière du soleil

der Sonnenschein

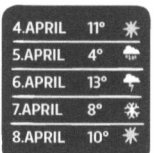

le nuage

die Wolke

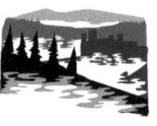

le brouillard

der Nebel

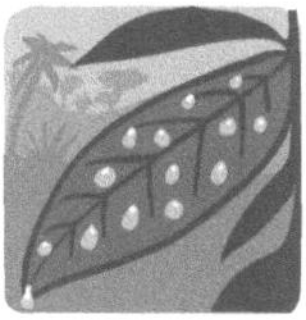

l'humidité

die Luftfeuchtigkeit

la foudre

der Blitz

la tonnerre

der Donner

la tempête

der Sturm

la grêle

der Hagel

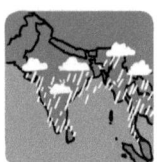

la mousson

der Monsun

l'inondation

die Flut

la glace

das Eis

janvier

der Januar

février

der Februar

mars

der März

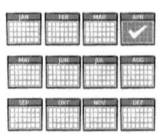

avril

der April

mai

der Mai

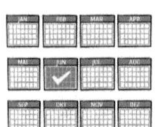

juin

der Juni

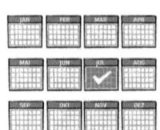

juillet

der Juli

août

der August

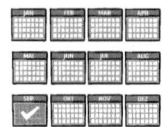

septembre

der September

octobre

der Oktober

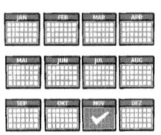

novembre

der November

décembre

der Dezember

le cercle

der Kreis

le carré

das Quadrat

le rectangle

das Rechteck

le triangle

das Dreieck

la sphère

die Kugel

le cube

der Würfel

les couleurs

die Farben

blanc

weiß

jaune

gelb

orange

orange

rose

pink

rouge

rot

violet

lila

bleu

blau

vert

grün

marron

braun

gris

grau

noir

schwarz

beaucoup / peu

viel / wenig

fâché / calme

wütend / friedlich

joli / laid

hübsch / hässlich

le début / la fin

der Anfang / das Ende

grand / petit

groß / klein

clair / obscure

hell / dunkel

frère / soeur

der Bruder / die Schwester

propre / sale

sauber / schmutzig

complet / incomplet

vollständig / unvollständig

le jour / la nuit

der Tag / die Nacht

mort / vivant

tot / lebendig

large / étroit

breit / schmal

comestible / incomestible

genießbar / ungenießbar

méchant / gentil

böse / freundlich

excité / ennuyé

aufgeregt / gelangweilt

gros / mince

dick / dünn

le premier / le dernier

zuerst / zuletzt

l'ami / l'ennemi

der Freund / der Feind

plein / vide

voll / leer

dur / souple

hart / weich

lourd / léger

schwer / leicht

faim / soif

der Hunger / der Durst

malade / sain

krank / gesund

illégal / légal

illegal / legal

intelligent / stupide

intelligent / dumm

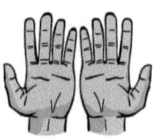

gauche / droite

links / rechts

proche / loin

nah / fern

nouveau / usé

neu / gebraucht

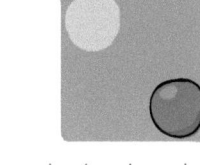

rien / quelque chose

nichts / etwas

vieux / jeune

alt / jung

marche / arrêt

an / aus

ouvert / fermé

offen / geschlossen

faible / fort

leise / laut

riche / pauvre

reich / arm

correct / incorrect

richtig / falsch

rugueux / lisse

rau / glatt

triste / heureux

traurig / glücklich

court / long

kurz / lang

lent / rapide

langsam / schnell

mouillé / sec

nass / trocken

chaud / froid

warm / kühl

la guerre / la paix

der Krieg / der Frieden

die Zahlen

0

zéro

null

1

un / une

eins

2

deux

zwei

3

trois

drei

4

quatre

vier

5

cinq

fünf

6

six

sechs

7

sept

sieben

8

huit

acht

9

neuf

neun

10

dix

zehn

11

onze

elf

12

douze

zwölf

13

treize

dreizehn

14

quatorze

vierzehn

15

quinze

fünfzehn

16

seize

sechzehn

17

dix-sept

siebzehn

18

dix-huit

achtzehn

19

dix-neuf

neunzehn

20

vingt

zwanzig

100

cent

hundert

1.000

mille

tausend

1.000.000

le million

million

les langues
die Sprachen

l'anglais

Englisch

l'anglais américain

Amerikanisches Englisch

le chinois mandarin

Chinesisch Mandarin

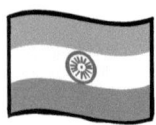

le hindi

Hindi

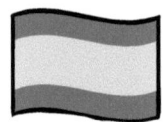

l'espagnol

Spanisch

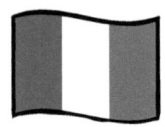

le français

Französisch

l'arabe

Arabisch

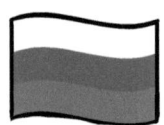

le russe

Russisch

le portugais

Portugiesisch

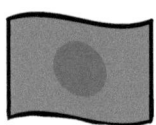

le bengali

Bengalisch

l'allemand

Deutsch

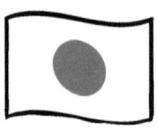

le japonais

Japanisch

je
ich

tu
du

il / elle / ce, c', cela
er / sie / es

nous
wir

vous
ihr

ils / elles
sie

Qui ?
wer?

Quoi ?
was?

Comment ?
wie?

Où ?
wo?

Quand ?
wann?

le nom
Name

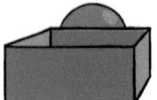

derrière
....
hinter

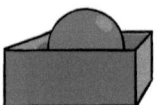

dans
....
in

devant
....
vor

au-dessus
....
über

sur
....
auf

en-dessous
....
unter

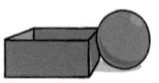

à côté de
....
neben

entre
....
zwischen

le lieu
....
der Ort

.